Où est Toto?

Where's Toto?

Elizabeth Laird

Pictures by Leighton Noyes
French by Marie-Thérèse Bougard

b small publishing

Susie a un petit chien. Il s'appelle Toto.

Susie adore Toto. Elle l'emmène partout.

Aujourd'hui, Susie est avec son frère Simon
et sa cousine Julie.

Simon et Julie vont au cirque.

Susie veut aller avec eux.

"Mais Toto?" dit Julie.

"Je peux le cacher dans ma veste," dit Susie.

"Il s'endort toujours là."

Susie's got a puppy. His name is Toto.

Susie loves Toto. She takes him everywhere.

Today Susie is with her brother Simon
and her cousin Julie.

Simon and Julie are going to the circus.

Susie wants to go with them.

"But what about Toto?" says Julie.

"I can hide him in my jacket," says Susie.

"He always goes to sleep there."

Susie cache Toto dans sa veste rouge.

"Tu vois, il est déjà fatigué," dit Susie.

"J'espère que tu as raison," dit Simon.

"Mais c'est ton chien. Tu dois t'occuper de lui."

Julie va au guichet. "Trois billets, s'il vous plaît."

"Voilà," dit la dame. "Amuse-toi bien!"

"Endors-toi, Toto," dit Susie doucement.

"Ne fais pas de bruit."

Tu dois t'occuper de lui.

Susie hides Toto in her red jacket.

"See, he's already tired," says Susie.

"I hope you're right," says Simon.

"But he's your dog. You must look after him."

Julie goes to the kiosk. "Three tickets, please."

"Here you are," says the lady. "Have a good time!"

"Go to sleep, Toto," says Susie quietly.

"Don't make a noise."

Le grand chapiteau est plein.

"Il y a des places ici," crie Julie. "Dépêchez-vous!"

Enfin, les enfants trouvent trois places.

Toto ne fait pas de bruit. Il est bien au chaud
dans la veste de Susie.

Les lumières s'éteignent et la musique commence.

Monsieur Loyal entre en piste.

"Bonjour, et bienvenue!" dit-il.

"Nous avons un merveilleux spectacle pour vous…"

The Big Top is full.

"There are seats here," shouts Julie. "Hurry up!"

At last the children find three seats.

Toto doesn't make a sound. He's safe and warm inside Susie's jacket.

The lights go down and the music starts.

The ringmaster walks into the ring.

"Hello and welcome!" he says.

"We have a fantastic show for you…"

C'est passionnant, le cirque.

Tout le monde regarde la fille sur le trapèze.

"Ah! Ooh!" crient-ils. "Ne tombe pas!"

Il y a un roulement de tambour et Toto se réveille.

Il fait trop chaud! Il se tortille et gémit.

"Chut!" dit Susie. "Tais-toi, Toto."

Mais Toto saute et s'enfuit.

Susie court après lui.

The circus is exciting.

Everyone is watching the girl on the trapeze.

"Ah! Ooh!" they shout. "Don't fall!"

The drum rolls and Toto wakes up.

It's too hot! He wriggles and whines.

"Sh!" says Susie. "Be quiet, Toto."

But Toto jumps out and runs away.

Susie runs after him.

Susie arrive au grand rideau.

"Arrête!" dit Monsieur Loyal. "Tu ne peux pas aller par là!"

Mais Susie ne s'arrête pas.

Elle suit Toto derrière le rideau.

Il y a un autre roulement de tambour.

Tout en haut, la fille sur le trapèze vole en l'air.

Son partenaire l'attrape.

"Fantastique!" dit Simon à Julie.

Susie reaches the big curtain.

"Stop!" says the ringmaster. "You can't go in there!"

But Susie doesn't stop.

She follows Toto behind the curtain.

The drum rolls again.

High above, the girl on the trapeze flies through the air.

Her partner catches her.

"Fantastic!" says Simon to Julie.

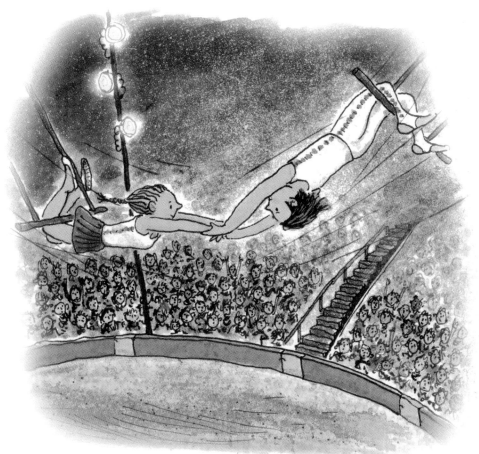

Dehors, Susie crie: "Toto! Où es-tu?"
Les clowns s'entraînent à faire leur numéro d'eau.
"Ah ah!" dit le grand clown. "Voilà une fille!
Peut-être qu'elle a besoin d'une douche."
"Non!" dit Susie. "Je cherche mon petit chien."
"Ouah! Ouah!" dit le gros clown en riant.
Il a l'air drôle, mais Susie ne rit pas.

Outside, Susie shouts, "Toto! Where are you?"
The clowns are practising their water trick.
"Ha ha!" says the tall clown. "Here's a girl!
Perhaps she needs a shower."
"No!" says Susie. "I'm looking for my puppy."
"Woof! Woof!" laughs the fat clown.
He looks funny, but Susie doesn't laugh.

13

Les clowns entrent en piste. Julie se retourne.

Elle voit que la place de Susie est vide.

"Susie n'est pas là!" murmure-t-elle.

"Ne t'inquiète pas," dit Simon. "Je parie

qu'elle promène Toto."

"Pourquoi ne vas-tu pas voir?" dit Julie.

"Oh, d'accord," dit Simon, et il se lève.

"Ah, bien!" dit l'un des clowns.

"Nous avons besoin d'un assistant. Viens avec moi."

The clowns come into the ring. Julie turns round.

She sees that Susie's seat is empty.

"Susie isn't here!" she whispers.

"Don't worry," says Simon. "I bet
she's just taking Toto for a walk."

"Why don't you go and look?" says Julie.

"Oh, all right," says Simon, and he stands up.

"Ah, good!" says one of the clowns.

"We need a helper. Come with me."

Dehors, Susie cherche Toto partout.

Elle cherche derrière les costumes du cirque.

Elle cherche sous un manège.

Elle cherche même dans une caravane.

Enfin, elle voit Toto.

Mais elle voit aussi autre chose.

Un gros chien noir court après le petit chien.

Il a d'énormes dents et une longue langue rouge.

"Oh non!" dit-elle. "Toto! Attends! J'arrive!"

Outside, Susie is looking for Toto everywhere.

She looks behind the circus costumes.

She looks under a carousel.

She even looks in a caravan.

At last, she sees Toto.

But she sees something else, too.

A big, black dog is running after the little puppy.

It has huge teeth and a long, red tongue.

"Oh no!" she says, "Toto! Wait! I'm coming!"

Susie attrape Toto juste devant le gros chien.

Elle le prend et le soulève.

Le gros chien saute en l'air.

"Va-t'en!" crie Susie.

Une femme en costume de cirque la voit.

"Rex! Bon chien! Viens ici, Rex!" crie-t-elle.

Le gros chien grogne, puis il s'éloigne lentement.

Mais Toto s'échappe des bras de Susie encore une fois!

Susie catches Toto just in front of the big dog.

She picks him up and holds him high.

The big dog jumps up.

"Go away!" shouts Susie.

A woman in a circus costume sees her.

"Rex! Good dog! Come here, Rex!" she shouts.

The big dog growls, then it goes away slowly.

But Toto jumps out of Susie's arms again!

Susie regarde dans un gros trou noir.

Elle entend Toto, mais elle ne le voit pas.

"OK," dit-elle. "Je viens te chercher."

Elle grimpe dans le trou. Il fait très noir.

Dehors, le gros chien aboie encore.

Un hercule de cirque avec une moustache crie:

"Martine, contrôle ce chien,

et prépare-toi. Tu es la prochaine!"

Susie peers into a big, black hole.

She can hear Toto, but she can't see him.

"OK," she says. "I'm coming to get you."

She climbs into the hole. It's very dark.

Outside, the big dog is still barking.

A circus strong man with a moustache shouts,

"Martine, control that dog,

and get ready. You're next!"

Susie serre Toto.

"On ne craint rien ici," lui dit-elle.

Soudain, leur cachette se met à bouger.

Susie veut regarder dehors, mais elle a trop peur.

Elle entend des cris.

Les gens applaudissent et crient bravo.

"On est où?" murmure-t-elle à Toto.

"Oh, Toto, qu'est-ce qui se passe?"

Susie holds Toto tight.

"We're safe here," she tells him.

Suddenly, their hiding place begins to move.

Susie wants to look out, but she's too scared.

She can hear shouts.

People are clapping and cheering.

"Where are we?" she whispers to Toto.

"Oh, Toto, what's happening?"

23

Sous le grand chapiteau, Simon murmure à Julie:
"Susie n'est pas dehors. Je ne la trouve pas."
Julie est inquiète. "Qu'est-ce qu'on va faire?"
"Mesdames et messieurs," dit Monsieur Loyal.
"Vous allez voir la belle, la courageuse Martine!
La célèbre boule de canon humaine!"
Il y a encore un roulement de tambour.
Personne n'entend Martine crier: "Arrêtez! Attendez!"
Il est trop tard.

In the Big Top, Simon whispers to Julie,
"Susie isn't outside. I can't find her."
Julie is worried. "What are we going to do?"
"Ladies and gentlemen," says the ringmaster.
"You are going to see beautiful, brave Martine!
The famous human cannonball!"
The drum rolls again.
Nobody hears Martine shout, "Stop! Wait!"
It's too late.

25

Boum! gronde le canon.

Zoum! Une fille et un chien sortent du canon
et volent en l'air.

Simon crie: "C'est Susie! Susie et Toto!"

L'hercule les attrape tous les deux dans ses bras.

"Qui êtes-vous?" demande-t-il. Il est très surpris.

Les spectateurs rient et applaudissent.

"Une fille et un petit chien!" disent-ils. "Fantastique!"

26

Boom! roars the cannon.

Whoosh! A girl and a dog come out of the cannon and fly through the air.

Simon shouts, "It's Susie! Susie and Toto!"

The strong man catches them both in his arms.

"Who are you?" he says. He is very surprised.

The audience laugh and clap.

"A girl and a puppy!" they say. "Fantastic!"

L'hercule emporte Susie et Toto dans ses bras.

Il les dépose devant Monsieur Loyal.

"Qu'est-ce que c'est que ça?" dit Monsieur Loyal.

Il a l'air fâché… mais il écoute le public.

Sous le chapiteau, les gens rient et applaudissent encore.

"Ils sont contents," dit-il. "D'accord…"

Et puis il sourit. Il regarde Toto.

"Martine peut s'occuper de lui.

Va regarder le reste du spectacle!"

The strong man carries Susie and Toto in his arms.

He puts them down in front of the ringmaster.

"What's all this?" says the ringmaster.

He looks angry… but he listens to the audience.

In the Big Top, people are still laughing and clapping.

"They're happy!" he says. "Well, well…"

And then he smiles. He looks at Toto.

"Martine can look after him.

Go and watch the rest of the show!"

"Alors, tu veux être vedette de cirque?" dit Martine.

"Non, non!" dit Susie. "C'est une erreur. Je suis désolée."

Martine dit en souriant: "Ça fait du bien de se reposer. Tous les jours, c'est *boum, boum*. J'en ai marre."

"C'est la faute de Toto," dit Julie. "Il a peur des gros chiens, alors il s'enfuit quand il les voit."

"Il a peur de Rex?" dit Martine. "Tu es sûre? Regarde!"

Les enfants regardent les chiens, et ils se mettent à rire.

"So you want to be a circus star?" says Martine.

"No, no!" says Susie. "It's a mistake. I'm sorry."

Martine smiles. "It's nice to have a rest.

Every day – it's *boom, boom*. I get tired of it."

"It's Toto's fault," says Julie. "He's scared of
big dogs, so he runs away when he sees them."

"Scared of Rex?" says Martine. "Are you sure? Look!"

The children look at the dogs and they begin to laugh.

Quiz

You will need some paper and a pencil.

1 These words are jumbled up. The first letter is underlined. Write them correctly and draw a picture for each word.

bour<u>t</u>am que<u>c</u>ir <u>b</u>ellit vanea<u>c</u>ar

2 Find two French words (object + colour) for these pictures. Write them down.

3 Who says these words?

 1 "Tu ne peux pas aller par là."
 2 "Je cherche mon petit chien."
 3 "Pourquoi ne vas-tu pas voir?"
 4 "Contrôle ce chien."

4 Match the beginnings and endings. Then write the sentences.

1 Susie cherche Toto	Susie et Toto.
2 Les clowns s'entraînent	sous le manège.
3 Toto se cache	à faire leur numéro d'eau.
4 L'hercule attrape	dans le canon.

Amuse-toi bien!

Have a good time!